타임머신을 타고 떠나는 공룡 시대

와! 공룡이다

펴낸곳 **한국아이방** | 펴낸이 **김성호**
출판등록 **제2009-37호**
주소 **서울특별시 강동구 명일동 336-12 K.N.P 603호**
전화 **02) 470-3001** | 팩스 **02) 476-5878**
고객문의 및 A/S **서울특별시 강동구 천호동 410-100**
1층 17호
전화 **080-940-0909**
홈페이지 **http://www.ibang.kr**
편집 **정소연** | 디자인 **현춘수**
인쇄·제본 **영림인쇄**

《와! 공룡이다》 판권 표기
본 도서는 Ck 에이젠시를 통하여 미야자키 카로우와의 저작권 계약에 의하여 한국 아이방에서 독점 출판하였습니다.
본사의 동의 없이 내용의 일부 또는 전부에 대한 무단 전재 및 복제를 금합니다. 잘못 만들어진 책은 교환하여 드립니다.

주의 : 본 교재를 던지거나 떨어뜨리면 다칠 우려가 있으니 주의하십시오.
고온 다습한 장소나 직사광선이 닿는 장소에는 보관을 피해 주십시오.

와! 공룡이다

글·그림 | 미야자키 카로우

가장 빨리 달리는 공룡
갈리미무스

갈리미무스는 '닭을 닮은 도마뱀'이라 불려요.
타조형 공룡으로 잘 알려진 오르니토미무스와 같은 종류예요.
지금의 타조처럼 시속 70킬로미터로 달릴 수 있었으니까,
아마 가장 빨리 달리는 공룡이었을 거예요.

- **이름** : 갈리미무스 Gallimimus
- **학명** : 닭을 닮은 도마뱀
- **시대** : 백악기 후기
- **지역** : 아시아
- **식성** : 잡식
- **크기** : 몸길이 약 4~6m
- **체중** : 약 110~125kg
- **분류** : 용반목 수각아목 오르니토미무스과

머리
몸에 비해 상대적으로 뇌가 커서 지능이 높았다.

입
입은 넓은 부리 모양이고, 부리에는 수염 같은 여과 장치가 있어서 오늘날의 홍학과 비슷한 먹이 활동을 했을 것으로 보인다.

목
매우 길고 가느다란 목을 가지고 있었다.

앞다리
앞다리는 짧고 전체의 1/4밖에 되지 않았다.

뒷다리
뒷다리의 근육은 달리기에 적당하게 발달했다.

갈리미무스의 몸길이는 6미터, 몸무게도 440킬로그램 정도였지요. 목과 다리, 꼬리는 모두 가늘고 길었어요. 눈이 아주 커서 예쁜 공룡으로도 불려요. 몸에 비해 큰 뇌를 가지고 있어서 가장 지능이 높은 공룡으로 꼽히지요.

꼬리

긴 꼬리는 먹이를 먹을 때나 이동을 할 때 균형을 잡는 역할을 했다.

뒷발

타조와 같이 빠른 속도로 달릴 수 있을 만큼 발가락이 잘 발달했다.

아기 공룡은 갈리미무스의 도움을 받아 동굴을 찾아 달렸어요.

아기 공룡은 육식 공룡에게 동굴에 함께 가자고 했어요.

아기 공룡 일행은 동굴 입구까지 도달했어요.

아기 공룡과 육식 공룡만 동굴 안으로 들어갔어요.

갈리미무스는 잡식성이에요.
식물만 먹지 않고, 곤충이나 물고기도 잡아먹었어요.
부리에는 수염 같은 여과 장치가 있어서
물을 빨아들여 먹을 수도 있었지요.

갈리미무스는 백악기 후기에 살았던 공룡이에요. 몽골의 고비 사막에서 화석이 발견됐지요. 그런데 뼈가 새의 뼈처럼 속이 텅 비어 있어서 닭을 닮았다고도 해요.

조금 더 알아봐요

공룡의 발견

1822년 영국에서 맨텔과 메어리가 우연히 공사장에서 발견한 공룡의 엄지 앞 발톱이 시초가 되었다. 맨텔은 1825년 강연회에서 자신이 발견한 것이 이구아나의 이빨과 비슷하다고 하여 '큰 도마뱀'이라는 뜻의 이구아노돈이라는 이름을 붙였다. 그 후 복원하는 과정에서 이구아노돈이 아닌 메갈로사우루스의 엄지 앞 발톱으로 밝혀졌다.

뻣뻣한 갑옷 대장
안킬로사우루스

- **이름** : 안킬로사우루스 Ankylosaurus
- **학명** : 뻣뻣한 도마뱀
- **시대** : 백악기 후기
- **지역** : 북아메리카
- **식성** : 초식
- **크기** : 몸길이 약 7~9m
- **체중** : 약 2~6t
- **분류** : 조반목 장순아목 안킬로사우루스과

안킬로사우루스는 갑옷 대장이라고 불려요.
몸에 갑옷 같이 튼튼한 골판과 돌기를 두르고 있지요.
누구라도 함부로 덤비지 못하겠지요?
사람들은 '뻣뻣한 도마뱀'이라고도 해요.

안킬로사우루스는 몸길이가 약 9미터,
몸무게도 6톤이나 되고 사납게 생겼지만,
초식 공룡이어서 성격은 온순했어요.
뒷다리가 앞다리보다 길어서
원래 두 발로 걸어 다녔지만
진화하면서 네발로 걷게 됐지요.

등

낮고 평평한 몸집에 등에는 끝이 뾰족한 뼈로 된 골판이 덮여 있었다.

꼬리

꼬리는 유연하고 등보다는 작지만 골판으로 된 돌기가 꼬리 끝까지 나 있었다.

꼬리혹

꼬리 끝 부분에는 뼈로 된 곤봉 모양의 혹이 달려 있었다.

머리

머리 부분까지 단단한 방호갑으로 뒤덮여 있었다.

조금 더 알아봐요

공룡의 멸종 1

공룡이 한순간에 멸망한 이유 중 가장 설득력 있는 학설은 운석 충돌설이다. 공룡이 살았던 백악기의 퇴적층에서 이리듐이 발견되었는데, 이리듐은 주로 우주의 운석에 포함되어 있는 까닭이다. 운석이 지구와 충돌하면서 핵폭발의 몇백 배가 넘는 영향으로 먼지가 덮히고 햇빛이 차단되어 급속히 핵겨울이 찾아와 공룡들이 멸망했을 것으로 본다.

안킬로사우루스는 백악기 후기 북아메리카의 초원에서 살았어요.
거친 식물들을 먹었고, 자신의 영역을 지키기 위해
때로는 같은 종족끼리 싸우기도 했지요.
뾰족한 골판 돌기는 육식 공룡들이 덤비는 걸 막아 주었겠지요.

아기 공룡이 바위에 앉아 쉬고 있는데 그 바위가 움직였어요.

그들이 앉아 있던 곳은 안킬로사우루스의 엉덩이였어요.

육식 공룡이 덤비다 안킬로사우루스의 뭉툭한 꼬리에 맞고 말았어요.

육식 공룡이 등을 물어 보았지만 딱딱한 갑옷에 이빨만 상했어요.

안킬로사우루스의 최대 무기는 골판 돌기가 아니라
바로 꼬리예요. 뼈로 된 해머 같은 뭉치가 꼬리에 달려 있어서
한번 휘두르면 모두들 물러났답니다.
티라노사우루스 같은 폭군도 함부로 공격하지 못할 정도였어요.

커다란 돛기
오우라노사우루스

- **이름** : 오우라노사우루스 Ouranosaurus
- **학명** : 용감한 도마뱀
- **시대** : 백악기 후기
- **지역** : 아프리카
- **식성** : 초식
- **크기** : 몸길이 약 7~8m
- **체중** : 약 3~4t
- **분류** : 조반목 조각아목 이구아노돈 과

오우라노사우루스도 등에 특이한 돌기가 나 있었어요.
어깨 부분에서는 길고, 꼬리로 내려갈수록 짧아지는 긴 돌기는
높이가 1미터나 될 만큼 높이 솟아 있었지요.
척추의 신경극이 솟아오른 것인데,
멀리서 봐도 눈에 잘 띄었지요.

입

입은 부리 모양으로 오리 주둥이를 닮았고, 주로 물가나 호숫가 근처에서 살면서 식물들을 먹었을 것으로 추정된다.

앞발

앞다리는 뒷다리보다 작고, 앞발에는 발굽 형태의 발톱이 있어 식물을 자르는 데 사용했으며 이구아노돈과 닮았다.

뒷발

뒷발의 발톱은 길고 날카로웠다.

오우라노사우루스는 아프리카의 우거진 숲 속에서 살았어요.
몸길이는 8미터, 몸무게는 4톤 정도로, 덩치가 작은 편은 아니었지요.
입은 오리 주둥이를 닮아 부리처럼 나와 있었고,
엄지발가락 부분에는 이구아노돈과 비슷한 발굽 모양의 발톱이 있었어요.

돌기

등에 난 긴 돌기의 높이는 1m나 되었다.

뒷다리

근육이 발달하여 두 발로 걸어 다녔다.

오우라노사우루스의 돌기도 다른 초식 공룡과 마찬가지로
적들의 공격을 막기 위한 보호 장치예요.
먹이가 많은 삼림이나 강가나 호숫가 근처에서
평화롭게 식물들을 먹던 오우라노사우루스는
육식 공룡이 먼저 공격하지 않으면 싸울 일이 없었어요.

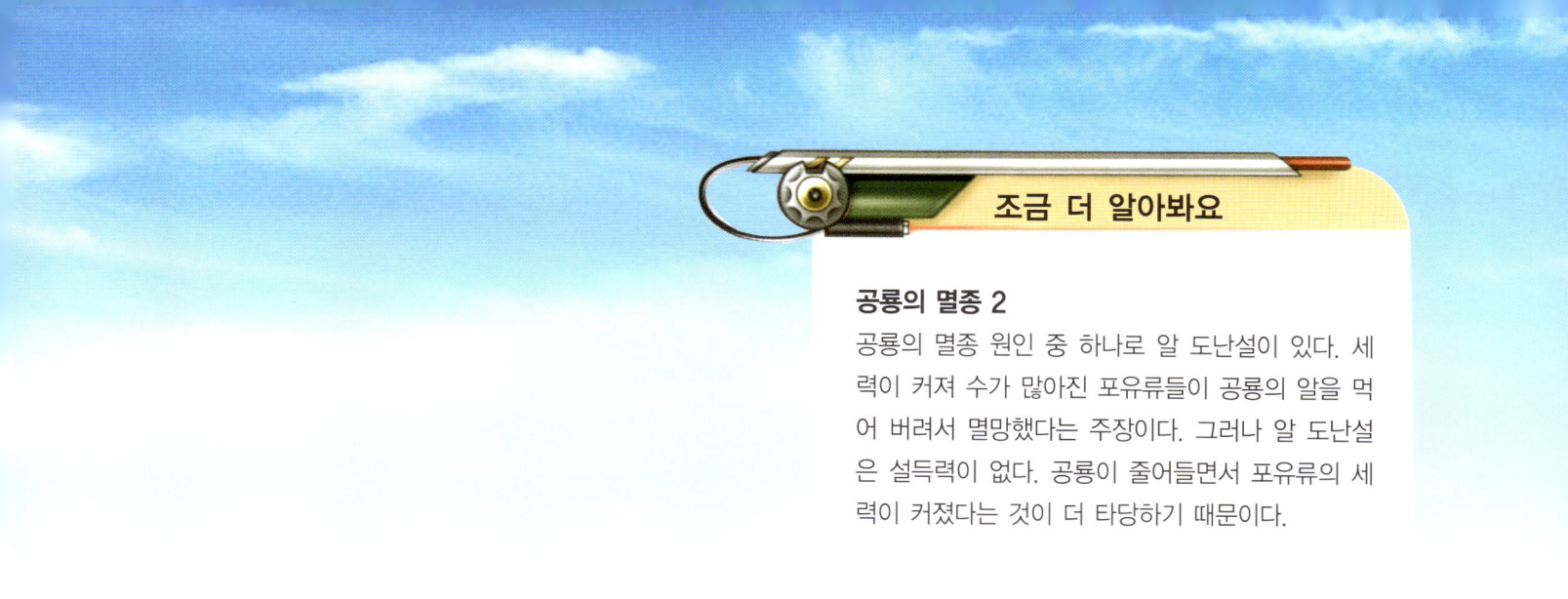

조금 더 알아봐요

공룡의 멸종 2

공룡의 멸종 원인 중 하나로 알 도난설이 있다. 세력이 커져 수가 많아진 포유류들이 공룡의 알을 먹어 버려서 멸망했다는 주장이다. 그러나 알 도난설은 설득력이 없다. 공룡이 줄어들면서 포유류의 세력이 커졌다는 것이 더 타당하기 때문이다.

공룡, 더 알고 싶어요 — 육식 공룡의 사냥 무기들

공룡 시대는 육식 공룡과 초식 공룡들의 전쟁터였어요. 고기를 먹어야 하는 육식 공룡들은 호시탐탐 초식 공룡들을 노리고 있었지요. 초식 공룡들은 대부분 덩치가 아주 컸기 때문에 육식 공룡들에게는 특별한 무기가 필요했지요.

뒷다리가 튼튼하고 앞다리가 자유로웠어요

육식 공룡들은 뒷다리 근육이 아주 발달해서 두 발로 걸어 다닐 수 있었어요. 튼튼한 뒷다리 덕분에 앞다리와 앞발을 자유롭게 사용할 수 있었지요. 먹잇감을 꽉 움켜잡고 도망치지 못하게 할 수도 있었고, 누구보다도 재빠르게 뛰어다닐 수도 있었어요. 앞다리를 자유롭게 쓸 수 있었다는 건 육식 공룡이 중생대를 지배하는 데 중요한 역할을 했어요.

발톱이 갈고리 모양이에요

육식 공룡들은 발톱이 날카로운 갈고리 모양으로 생겼어요. 이 발톱으로 사냥감을 움켜쥐면 살갗을 뚫고 피가 났을 거예요. 또 먹이를 한번에 찢어 버릴 수도 있지요. 데이노니쿠스 같은 공룡은 뒷발에 13센티미터나 되는 낫 모양의 갈고리 발톱이 나 있어 사냥의 명수로 불렸지요. 평소에는 닳지 않도록 들고 다니다가 공격을 할 때는 발톱이 쑥 튀어나와 적에게 깊은 상처를 입혔어요.

난폭한 육식 공룡 메가랍토르

공룡의 대표 선수 티라노사우루스

🦖 시력이 좋았어요
육식 공룡들은 먹잇감을 찾기 위해 항상 돌아다녔어요. 멀리 있는 먹잇감들을 좋은 시력으로 잘 찾아냈어요. 몸집이 작은 육식 공룡들은 특히 시력이 더 좋았지요. 트로오돈은 특별한 무기도 없고 덩치도 작은 대신 시력이 아주 좋았어요. 다른 거대한 육식 공룡들이 활동하지 않는 밤에도 사냥을 할 수 있을 만큼 시력이 좋았답니다.

🦖 이빨이 날카로워요
누구나 알고 있는 공룡의 대표 선수 티라노사우루스 같은 공룡은 덩치도 크지만 이빨이 아주 강력하고 날카로운 것으로도 유명해요. 입만 한번 쫙 벌려도 초식 공룡들이 무서워서 도망갈 정도였어요. 대부분의 육식 공룡은 사냥감을 물어뜯고, 씹어 먹기 위해서 이빨이 아주 발달했어요. 뾰족한 이빨 가장자리에는 톱니까지 있어서 사냥감을 먹기 좋게 자를 수도 있었어요. 턱도 아주 강력해서 뼈를 으스러뜨릴 정도였답니다.

🦖 꼬리가 길고 튼튼해요
육식 공룡은 꼬리도 튼튼하고 길었어요. 커다란 몸집에 두 발로 서서 걷기 위해서는 뒷다리도 튼튼해야 했지만 몸의 균형을 잡아 주는 꼬리 부분도 잘 발달해 있어야 하거든요. 어떤 공룡은 꼬리를 다리처럼 몸을 지탱하는 데 사용할 정도였어요. 이 꼬리는 초식 공룡들을 공격하는 무기로도 사용됐어요. 사정없이 꼬리를 휘두르면 웬만한 공룡들은 나가떨어졌답니다.